And
Plat

La maldición de la cabeza reducida

Written by
Pinelands Regional High School Spanish Students
Under the direction of Mr. Nathaniel Kirby

Cover & Chapter Art by Robert Matsudaira

Edited by
Kristy Placido & Carol Gaab

TPRS Publishing, Inc., P.O. Box 11624, Chandler, AZ 85248
info@tprstorytelling.com • www.tprstorytelling.com
ISBN: 978-1-934958-97-1

**Student Authors from
Pinelands Regional School District
Little Egg Harbor, New Jersey 08087**

Kamen Allocco
Elizabeth Baglivo
Levi Bartimus
Lauren Catrambone
Danielle Claussen
Kelly Colligan
Erin Connolly
Joseph Diano
Bridget Edwards
Tarin Eggert
Kelly Hansen
Richard Jackson
Emily Jones
Amanda Leach
Laura Marinello
Reneé Migliacci
John Mury
Jesse Popp
Rebecca Ramos
Joshua Scott
Lauren Shockley
Stephanie Smith
Tabitha Thorn

**¡Felicidades a los estudiantes que trabajaron
tan duro para crear esta novela!**

Contents

Capítulo 1
La maldición

Eran las doce del mediodía cuando Haley se despertó. Ella todavía estaba cansada porque la noche anterior habían llegado[1] de las vacaciones en Perú. Ella quería ponerse su camiseta favorita de AC/DC y se acordó que la camiseta todavía estaba empacada en la maleta.

---

[1]habían llegado - they had arrived

Haley y su familia ganaron un viaje a Perú cuando su padre estuvo en el programa 'El Precio es Correcto.' Fue toda una aventura, pero ahora Haley estaba contenta de estar en casa otra vez.

Haley abrió la maleta y buscó la camisa. Después de buscar por unos minutos en la maleta, Haley gritó con horror. Vio la cabeza reducida que dejaron en el altar de la torre en Machu Picchu. Era la misma cabeza que Haley había robado de un museo en Perú. Era la misma cabeza que tenía una maldición que los afectó a ella y a su hermano en Perú. También vio una carta en la maleta. Abrió la carta y leyó:

Tú has ofendido a los dioses de la nación Jívaro. Has robado la cabeza más importante de todas. Tú tienes diez días a partir de hoy para devolvernos la cabeza a nosotros. Si no lo haces, nosotros vamos a encontrarte, matarte y reducir tu cabeza.

Tú tienes que devolver la cabeza inmediatamente. Devuelve la cabeza al Jefe de la nación Jívaro. Se llama Jefe Palo Grande. Es un hombre bajo y gordito. Siempre lleva una falda de color marrón

2

crown   feathers

y una corona hecha de plumas rojas. Vive en la selva al sur del Ecuador. Tienes que navegar el Río Napo. No debes venir con nadie más que con tu hermano Jason. No debes venir con tus padres. No debes venir con la policía. Si tú vienes con otras personas, vamos a matarlos a todos. Recuerda, solamente tienes diez días.

   -Los Jívaro

Haley tenía mucho miedo. Corrió al dormitorio de Jason. Jason estaba levantando pesas y escuchando música. Jason no oyó cuando Haley entró. Haley tenía la cabeza reducida en la mano. Le mostró a Jason la cabeza reducida y le gritó:

   – ¡Mira esto!

Jason se asustó y se le cayeron las pesas. Se le cayeron en el dedo gordo de su pie derecho. Jason gritó. Gritó porque le dolía el dedo y gritó porque tenía mucho miedo de la cabeza reducida.

Haley le mostró a Jason la carta de los Jívaro. Le explicó que tenían que ir al Ecuador inmediatamente.

Jason miró a Haley, y miró la carta. Leyó la carta en silencio. Pensó por unos minutos. Haley

3

empezó a llorar. Jason la miró y vio el miedo en sus ojos. Él no sabía qué hacer, pero no quería ver a su hermana llorando. Tampoco quería que ella se muriera[2].

Haley preguntó a Jason llorando:

– ¿Cómo vamos a ir al Ecuador? No podemos decirle nada a Mamá ni a Papá. Ellos no saben que robamos la cabeza del museo en Perú. Van a estar muy enojados con nosotros.

– Tengo una idea. ¿Por qué no enviamos la cabeza al museo por FedEx?

– No, tenemos que devolver la cabeza en persona. Tenemos que encontrar al jefe de la nación Jívaro y darle a él la cabeza. Es la cabeza más importante de la nación. ¿Qué hacemos Jason? Estoy preocupada. No quiero morir.

Jason miró a su hermana. Sabía que necesitaban un plan.

---

[2]se muriera - s/he died *(He didn't want that she die either.)*

Capítulo 2
Consecuencias secretas

Al día siguiente, a las seis de la mañana, Martha tocó a la puerta del cuarto de Jason. Ella no oyó nada. Cuando Jason no respondió, Martha entró. Ella despertó a Jason. Jason le gritó a su madre:

    – ¿Cuál es tu problema? ¿Qué hora es?
      ¿Por qué me despiertas tan temprano?
    – Son las seis y es hora de trabajar Jason.
      Y, no me hables así por favor.
    – Yo no quiero ir. Me duele el dedo gordo
      del pie. Ayer levantaba pesas y me asus-

té. Las pesas se me cayeron en el dedo gordo del pie derecho.

– ¡No me importa Jason! Tú vas a trabajar hoy. Tienes muchos días de estar de vacaciones.

Jason se levantó y se puso su uniforme. No le gustaba el uniforme, se sentía tonto al llevarlo. Fue a McDonald's® y cuando llegó, vio que su jefe estaba de mal humor. Le dijo a Jason:

– Buenos días Jason. ¿Cómo pasaron las vacaciones, ¿bien?

– Sí, señor. Tuvimos una aventura en Perú. Definitivamente... una aventura.

– Tu horario dice que ibas a trabajar ayer.

– ¿Qué?

– Tu horario. Pasaste una semana de vacaciones y ayer ibas a trabajar. ¿No miraste el horario? Tuve que preparar los Egg McMuffins solo, sin tu ayuda y tuve que venderlos solo también. Ahora estoy agotado[1] y tú estás despedido[2].

---

[1]agotado - fed up
[2]despedido - fired

– ¿Despedido? Nada más por un error del horario?

– No solamente cometiste un error del horario. Te vi en la cámara de seguridad una noche llevándote un Big Mac® sin pagar. Entonces miré los videos de varios días y te vi robando un Big Mac todos los días! ¿Tienes la más mínima idea de cuántos dólares me robaste con los Big Macs? ¡Yo debo llamar a la policía!

El jefe miró a Jason con una mirada de disgusto.

– Sí, Jason, ¡estás despedido! Ya no trabajas más en McDonald's. Lo tenemos todo en la cámara de seguridad.

Jason salió del McDonald's. No quería ir a la casa porque no quería decirles a sus padres que había perdido[3] el trabajo.

Fue al gimnasio y levantó pesas. Pasó todo el día en el gimnasio. Le dolían todos los músculos.

---

[3]había perdido - had lost

A las cuatro de la tarde, cuando normalmente terminaba el trabajo, Jason salió del gimnasio y se fue para la casa. Como no quería llegar a la casa sin un Big Mac para Nathaniel, Jason fue primero a otro McDonald's para comprar uno. Así, su papá no sabría[4] que su jefe lo había despedido[5] hoy. Jason pensó: "Yo sé que debo contarles a mis padres que mi jefe me despidió, pero no quiero. Mamá va a enojarse y Papá va a estar triste porque no voy a poder llevarle más Big Macs".

Jason entró en la casa y encontró a su padre sentado en el sofá. Estaba viendo el programa de Oprah. Lloraba porque Oprah hablaba con Bob Barker sobre su salud y el episodio con las donas de jalea[6]. Nathaniel todavía se sentía responsable. Él le dio a Bob Barker las donas que le causaron el ataque cardíaco.

Jason le dio el Big Mac a su padre y le dijo:

– ¿Estás llorando, Papá? ¿Qué te pasa?

[4]sabría - s/he would know
[5]había despedido - s/he had fired
[6]jalea - jelly

– No, Jason, no me pasa nada. Sólo tengo algo en el ojo. ¿Cómo estuvo tu día en McDonald's?

– Más o menos, Papá. Yo no sé si quiero trabajar más allí. Para mí es muy difícil trabajar y continuar con mis prácticas de fútbol americano. Además, es mi último año en la escuela y quiero pasar tiempo con mis amigos.

Jason siguió hablando, pero realmente Nathaniel no le prestaba mucha atención. Solamente prestaba atención al Big Mac porque tenía mucha hambre. Lo comía y estaba muy contento. En un minuto se comió todo el Big Mac. Después, su padre observó que la caja tenía dos pegatinas[7] para el juego de Monopoly® y se puso aún más contento.

[7]pegatinas - game pieces

Capítulo 3
¡Qué suerte!

Nathaniel le dijo a Jason:

- ¡Mira esto! Hay dos pegatinas del juego de Monopoly. A ver si ganamos algo. Ah, mira, hay muchos premios que puedes ganar…un millón de dólares, un viaje, un carro.

- ¡A ver, Papá! Saca la pegatina.

- ¿Sabes que, Jason? Tengo muchas pegatinas que saqué de todas las cajas de Big

Mac durante dos semanas. Todas están aquí, debajo del cojín[1] del sofá.

Nathaniel se levantó para sacar el cojín. Buscó en el sofá debajo del cojín, y encontró treinta o cuarenta pegatinas más.

– ¡Papá! ¿Cuántos Big Macs comes al día? ¿Tienes otro hijo que también te trae Big Macs?

La cara de Nathaniel se puso un poco roja. Nathaniel le dijo:

– Ja, ja, ja. Muy cómico mijo. Eres más cómico que David Letterman.

Nathaniel y Jason miraron todas las pegatinas. No había ninguna pegatina ganadora[2]. Nathaniel devolvió el cojín al sofá y se sentó otra vez.

Jason dijo:

– No olvides las pegatinas del Big Mac de hoy, Papá.

– Ah, sí. Se me olvidó.

Nathaniel agarró la caja nueva y sacó una de las pegatinas.

[1]cojín - cushion
[2]ganadora - winning, winner

11

– Jason, dónde están mis lentes[3]. No puedo leer la pegatina. Es muy pequeña. Mis ojos son terribles.

– ¡Por favor, Papá! ¡Estás tan viejo! Dame la pegatina.

Jason se rió, pero su papá no se rió. Le dio la pegatina a su hijo.

– ¡Papá! ¡Ganaste! ¡Ganaste un viaje! ¡Un viaje al Ecuador!

Nathaniel saltó del sofá con la emoción del momento y saltó encima del dedo gordo del pie de Jason. Jason gritó por el dolor, pero también estaba muy contento porque ganaron un viaje. ¡Ellos iban a ir al Ecuador! Su padre corrió para contarle a Martha que habían ganado un viaje al Ecuador y dejó la caja del Big Mac sobre la mesa.

Jason miró la caja y vio que había otra pegatina de Monopoly. Jason sacó la otra pegatina y estuvo súper sorprendido. ¡Era una pegatina ganadora! Jason la examinó muy bien y vio que ¡había ganado[4] mil dólares!

[3]lentes - glasses
[4]había ganado - s/he had won

Se puso muy emocionado pero no gritó. Fue directamente al cuarto de Haley.

Cuando entró en el cuarto Jason miró a Haley. Ella estaba llorando. Estaba viendo el programa "El Precio es Correcto". Jason le preguntó:

– ¿Qué te pasa? ¿Por qué estás llorando?
– Tengo un caso de nervios. Todo está mal:
  Anunciaron que Bob Barker se va a retirar. Dicen que él va a cuidar su salud y además, quiere dedicarse de tiempo completo al trabajo de controlar la población de animales. También tengo mucho miedo. ¿Cómo voy a ir al Ecuador para devolver la cabeza reducida? Los Jívaro me van a matar. Me van a reducir la cabeza. ¡No quiero morir! Waaaa...
– Haley, no llores y no te preocupes. Todo estará bien. ¡Mira esto!

Jason sacó de su bolsillo la pegatina ganadora de mil dólares. Se la dio a Haley y le dijo:

– ¡Gané mil dólares!
– ¿Y qué?...Mil dólares no es suficiente

13

para ir al Ecuador.

– Sí, pero no es todo... ¡Ganamos un viaje al Ecuador!

Haley le respondió con gritos:

– ¡No te creo, Jason! ¡Estás diciendo mentiras!

– No, en serio, vamos al Ecuador y aquí tenemos el dinero para encontrar al Jefe Pavo Grande.

– Pero tú no puedes ganar. Tú sabes que los empleados de McDonald's no pueden ganar.

– Pues, hoy es nuestro día de suerte. ¡Me despidieron esta mañana!

Capítulo 4
Un viaje urgente

Cuatro días después, Nathaniel, Martha, Jason y Haley estaban ocupados empacando las maletas. Mañana se iban a ir al Ecuador. Jason todavía tenía la pegatina de Monopoly para los mil dólares. Necesitaba cambiarla por dinero en efectivo. Les dijo a sus padres:

– Tengo que ir por un minuto a McDonald's. Necesito recoger mi cheque de pago. Yo quiero dinero para el Ecuador.

– Está bien Jason –contestó Martha–. ¿Le pediste permiso a tu jefe para tomar más días de vacaciones?

Un poco nervioso, Jason respondió:

– Aaah, sí, sí. Yo puedo ir, no hay ningún problema. Mi jefe es muy simpático.

Jason fue a McDonald's y lo mandaron a un banco para cambiar la pegatina por los mil dólares en efectivo. Regresó a la casa y encontró a Haley en su cuarto empacando la maleta. Con mucho cuidado ella puso la cabeza reducida adentro de una camiseta de Led Zepplin. Luego metió la cabeza en la mochila que iba a llevar adentro del avión. Ella no quería perder la cabeza durante el viaje.

Jason le mostró a Haley los mil dólares. Estaban contentos porque tenían dinero suficiente para buscar al Jefe Pavo Grande y devolver la cabeza pequeña. Ellos hablaban y hacían planes para el tiempo que pasarían en el Ecuador.

> – Jason, ¿Piensas que realmente vamos a poder encontrar al Jefe Pavo Grande?
>
> – De verdad, no sé.
>
> – Mamá y Papá van a estar muy preocupados. ¿Seguro que no debemos contarles la verdad?
>
> – ¡Seguro! No debemos contarle a nadie.

Preocupados y nerviosos, los dos se acostaron en sus dormitorios porque tenían que despertarse muy temprano para tomar el vuelo al Ecuador. Se acostaron, pero no durmieron.

Capítulo 5
¡Al Ecuador!

En la mañana, la familia se subió al carro y fue al aeropuerto. Ellos entraron y checaron las maletas. Luego pasaron por Seguridad. Jason y Haley estaban nerviosos porque no sabían si se permitía llevar la cabeza reducida en el avión.

Haley puso su mochila en la faja[1] de la máquina de Rayos X. Había una pequeña pantalla que parecía un televisor.

[1] faja - belt

Había un agente que miraba la pantalla[2]. En la pantalla podía ver el contenido de todas las bolsas y mochilas que pasaban en la faja. Cuando la mochila de Haley pasó por la faja, el agente de seguridad miró la pantalla con curiosidad. Haley se puso muy nerviosa y miró a Jason con una mirada de preocupación. El agente le dijo a Haley:

– Señorita, por favor, agarre su mochila y venga conmigo.

El agente de seguridad se llevó a Haley a un cuarto pequeño. Haley se sentó. Allí le hizo algunas preguntas sobre el contenido de su mochila. Haley estaba súper preocupada de que iban a sacar la cabeza. Tenía miedo porque si no podía devolver la cabeza al Jefe Pavo Grande, los Jívaro la iban a matar y reducirle la cabeza.

El agente le preguntó:

– ¿Usted tiene algún objeto que no se permita adentro del avión?

– Yo no sé. ¿Como qué tipo de objeto?

– Como esto.

[2]pantalla - screen

19

El agente abrió la mochila de Haley y sacó una botella grande de perfume.

– Esta botella, señorita, no se permite adentro del avión.

Haley respiró profundamente porque el agente no le quitó la cabeza reducida. Haley salió del cuarto y encontró a su familia. Su mamá la miró con una mirada de preocupación. Haley les contó que le habían quitado el perfume pero que todo estaba bien. Ellos pasaron a la puerta de donde salía el avión. Esperaron más de una hora. Los padres hablaban, pero Jason y Haley se sentaron en silencio.

En el aire, Nathaniel comió cacahuates durante todo el vuelo. Martha leyó todas las revistas que estaban en el asiento de enfrente. Los muchachos muy pronto se aburrieron de estar adentro del avión y estaban contentos cuando empezó la película. Cuando vieron que la película era "Castaway" estuvieron un poco enojados. Ellos habían visto la misma película en el vuelo al Perú hacía unas semanas.

Haley quería escuchar música durante el

vuelo, pero desafortunadamente su iPod se había roto[3] en Perú. Ella pensó: *"Si no me muero y si no gasto todos los mil dólares, voy a comprar un nuevo iPod después de devolverle la cabeza al Jefe"*.

Después de nueve horas el avión aterrizó[4] en Quito. Todos salieron del avión y pasaron por la inmigración. Allí recibieron el sello[5] de entrada en los pasaportes. Luego pasaron para recoger las maletas.

Mientras caminaban, los muchachos se sentían preocupados y nerviosos. No sabían exactamente cómo iban a encontrar al Jefe Pavo Grande para devolverle la cabeza. Haley le preguntó a Jason:

– ¿Jason, tienes la carta?

– Sí, aquí en mi bolsillo.

– Me siento mal. No quiero decepcionar a Mamá y Papá otra vez –le dijo Haley con voz nerviosa.

---

[3]se había roto - it had broken
[4]aterrizó - it landed
[5]sello - stamp

– Después de esto, todo va a estar bien.
No tendrás que[6] decepcionar nunca
jamás[7] ni a Mamá ni a Papá.

Jason escuchó las palabras que salían de su
boca y sabía que ya había decepcionado[8] a sus
padres muchas veces. Se sentía mal porque no les
había dicho[9] que lo habían despedido de
McDonald's porque sabía que su mamá y su papá
iban a preocuparse mucho en el Ecuador.

Todos llegaron a la máquina para buscar las
maletas de la familia. Martha vio su maleta saliendo sobre la faja. Mientras ella agarraba su maleta,, Jason, con mucho cuidado, metió una carta en
la bolsa de Martha.

Después de unos minutos, todas las maletas
habían salido de la máquina. La familia agarró las
maletas y pasó por la aduana sin problemas.
Cuando ellos iban a salir del aeropuerto, Haley
dijo:

[6]no tendrás que - you will not have to

[7]nunca jamás - never ever

[8]había decepcionado - s/he had deceived

[9]había dicho - s/he had said

22

– Necesito usar el baño.

– Yo también –dijo Jason.

Martha les dijo:

– Está bien. Nosotros los esperaremos
aquí.

Los muchachos fueron en la dirección del baño. Cuando estaban fuera de la vista de los padres, ellos corrieron por la salida. Estaban en Ecuador, solos.

Capítulo 6
Chicos perdidos

Haley y Jason salieron del aeropuerto y buscaron un taxi. Le dijeron al chofer que necesitaban
encontrar a los Jívaro. El chofer los miró, sorprendido. Le dijeron que solamente sabían que ellos
vivían en el sur del Ecuador cerca del Río Napo.

En el aeropuerto, Martha y Nathaniel todavía
estaban esperando a sus hijos. Pasaron quince

minutos y Martha se puso nerviosa y le preguntó a Nathaniel:

> – ¿Dónde estarán los chicos? ¿Qué les
> pasará? ¿Por qué no saldrán del baño?
> – Tranquila Martha. Están bien, ahorita
> van a salir.

Esperaron unos cinco minutos más y ahora Martha estaba nerviosísima. Ella fue al baño para buscar a Haley. Martha entró y llamó:

> – Haley... Haley, ¿estás aquí?

Nadie respondió. Martha salió del baño corriendo. Fue a Nathaniel y le dijo:

> – Haley no está en el baño. Vete¹ al baño
> para buscar a Jason.

Nathaniel fue al baño de los hombres y Jason no estaba allí. El padre volvió y le dijo a Martha:

> – Jason no está en el baño tampoco. ¿Qué
> hacemos?
> – Vamos a buscarlos.

Los padres corrieron por el aeropuerto con pánico buscando a sus hijos. No los encontraron. Buscaron y buscaron pero no los encontraron.

¹vete - go *(command)*

Martha vio a un agente de seguridad y corrió para hablarle. Con voz emocionada, le dijo:

— No podemos encontrar a nuestros hijos. Son muy jóvenes. Ellos fueron al baño y ahora están perdidos.

— ¿Cuántos años tienen?

— Mi hija tiene quince y mi hijo diecisiete.

— ¿Y su descripción física?

Martha le dio las descripciones y empezó a llorar. El agente sacó su radio y llamó a todos los agentes en el aeropuerto:

— Hay dos norteamericanos perdidos. Son jóvenes de quince y diecisiete años, un chico y una chica. ¿Alguno de ustedes los ha visto[2]?

Unos momentos pasaron y un agente respondió:

— Sí, hace media hora yo vi a dos muchachos gringos corriendo rápidamente por una salida. Salieron del aeropuerto y se subieron a un taxi.

— ¿Qué les pasa? –gritó Martha. –¿Por qué

[2]ha visto - s/he has seen

salieron sin nosotros? ¿Adónde fueron?

¿Qué vamos a hacer Nathaniel?

De repente, por todo el estrés del momento Martha no pudo respirar bien. Como ella era asmática, siempre tenía ataques del asma cuando se estresaba. En ese momento, tuvo un ataque fuerte. Ella abrió su bolso para buscar su aparato inhalante y allí encontró la carta de los muchachos. Ella tomó la medicina y luego, con una mirada de curiosidad, preguntó a Nathaniel:

– ¿Qué es esto?

– Yo no sé. ¿Es una carta? Ábrela.

Martha abrió la carta y vio que era de sus hijos. La carta decía:

Queridos Padres,

Probablemente ustedes estén muy preocupados por nosotros. No se preocupen, estamos bien. Nosotros tenemos que salvar unas vidas acá en Ecuador. Necesitamos unos días para realizar nuestra misión. Queremos que *ustedes vayan al resort en la playa y disfruten³ de sus vacaciones. Nosotros los encontraremos allí en unos días. De nuevo... no se preocupen por nosotros. Estamos perfectamente bien.*

Los queremos mucho,

Jason y Haley

Al terminar de leer la carta, Martha se desmayó⁴ y se cayó al suelo del aeropuerto. Estuvo inconsciente por un momento. Nathaniel le tiró encima el agua que estaba bebiendo. Ella se despertó porque tenía mucha agua en la cara y Nathaniel le dijo:

> – Está bien, mi amor. Los chicos están bien. Vamos al resort como ellos dicen en la carta. En unos días ellos van a llegar y todo saldrá bien. Además, todos dicen que el resort tiene un excelentísimo buffet.

³disfruten - you (pl.), they enjoy *(command)*
⁴desmayó - s/he fainted

– ¡¿Cómo puedes pensar en comida en un momento como este?! Nuestros hijos han desaparecido en un país extranjero. ¡Vamos a la policía!

Capítulo 7
Chicos desesperados

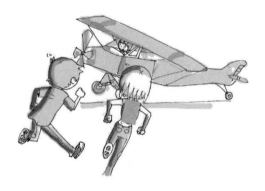

En el taxi, el chofer les explicó a los muchachos que los Jívaro vivían en una región muy
remota del Ecuador. Vivían en la selva tropical en
un lugar donde no había otras personas. No era
muy fácil encontrarlos porque nadie sabía exactamente donde vivían en la selva inmensa. El taxista continuó:

– Ustedes tienen que tomar un avión

pequeño a Postaza y de allí otro a
Tiputini y al Río Napo.

El taxista llevó a los muchachos a un aeropuerto pequeño cerca de Quito. De allí salían las avionetas a las regiones remotas del país. Entraron para comprar los boletos para ir a Postaza. Había una señora en la oficina detrás de un escritorio viejo. Jason le preguntó:

– Señora, ¿Cuándo sale el próximo vuelo a
Postaza?

La señora miró por la ventanilla y les respondió:

– ¿Ustedes ven esa avioneta? Va para
Postaza. El próximo vuelo a Postaza sale
en media hora.

Jason y Haley compraron dos boletos. También compraron un libro que contenía mapas e información de la región. Muy nerviosos, abordaron la avioneta y se sentaron en silencio. Haley miró a Jason y sus ojos le dijeron que tenía mucho, mucho miedo. Jason le tomó la mano y le dijo:

– Cálmate. No te preocupes. Todo estará
bien.

Haley no le contestó. Sólo lloró silenciosamente. Después de una hora, llegaron a Postaza. Cuando ellos se bajaron de la avioneta, tuvieron que buscar boletos para volar a Tiputini, el pueblo pequeñito al lado del Río Napo. Entraron en una oficina pequeña que parecía una cabaña.

En la oficina, Jason compró los dos boletos. No tuvieron que esperar mucho tiempo porque la avioneta iba a salir en una hora. Los muchachos tenían hambre y le compraron fruta a una señora enfrente de la oficina. La fruta era muy refrescante porque los muchachos tenían mucho calor. Haley metió unos plátanos extras en su mochila para comérselos[1] más tarde.

Cuando estaban abordando la avioneta Jason le dijo a Haley:

— ¿Dónde está la mochila con la cabeza reducida?

— Yo no sé. ¿Tú no la tienes?

— No, yo no la tengo. No sé dónde está.

— Debe estar todavía en la avioneta.

Con eso, los muchachos miraron y vieron la

[1]comérselos - to eat them

32

avioneta por la ventana. Gritaron:

> – ¡Ay, No! ¿Qué vamos a hacer?

Jason corrió a la oficina. Entró y le gritó frenéticamente a la señora:

> – Nosotros dejamos una mochila muy importante en esa avioneta que va para Quito. La necesitamos ahora, es súper importantísimo.
>
> – Lo siento, pero esa avioneta va a salir en cinco minutos. Va a volver en dos días. Pueden recoger la mochila en dos días.

Los dos chicos miraron a la mujer con ojos de terror. Haley empezó a llorar y le suplicó[2]:

> – Señora, por favor. Es un asunto de vida o muerte. Mi vida o mi muerte. Por favor, ¡necesitamos la mochila!

La mujer miró a Haley como si fuera una loca, pero le dijo:

> – Bueno, pues, si tú puedes correr rápidamente, puedes recoger tu mochila.

[2]le suplicó - s/he begged him/her

33

Capítulo 8
Agotados en la selva

Haley y Jason corrieron lo más rápido posible hacia la avioneta. Llegaron a la avioneta y ¡la puerta empezaba a cerrarse! Haley y Jason tocaron a la puerta y gritaron: *"¡No, no! ¡Espere!"*. Un agente abrió la puerta y miró a Jason y Haley con ojos enojados.

– ¿¡Qué pasa!?
– Lo siento. Mi hermana dejó su mochila en la avioneta.

– ¿Mochila?

Haley metió su cabeza en la avioneta y vio su mochila.

– ¡Allí está! Por favor.

El agente miró en el asiento y vio la mochila. La recogió y se la dio a Jason.

– Gracias, señor. Muchísimas gracias.

Jason agarró la mochila y tomó la mano de Haley. Corrieron hacia la otra avioneta. De repente, Jason se paró, abrió la mochila y miró hacia adentro. La cabeza reducida todavía estaba ahí. Jason cerraba la mochila cuando escuchó: *"Pasajeros Baker, Jason y Baker, Haley tienen que abordar su vuelo para Tiputini. Si no están presentes en cinco minutos, el vuelo va a salir sin ustedes."* Los chicos corrieron hacia la otra avioneta y al llegar a la puerta, abordaron la avioneta para Tiputini y el Río Napo.

Haley y Jason se sentaron completamente agotados de todo el estrés. Querían dormir, pero no podían. Sólo se preocupaban por devolver la cabeza reducida. En media hora la avioneta llegó a Tiputini. Los chicos se bajaron de la avioneta y vieron que todo allí era de color verde y muy hermoso. Estaban en la selva tropical. Hacía mucho calor y estaba muy, muy húmedo. Escuchaban muchos pájaros tropicales y la corriente de un río.

Haley le dijo a Jason:

    – ¿Ahora qué? ¿Adónde vamos para encontrar al Jefe Pavo Grande? Estamos en una selva enorme.

De repente los muchachos oyeron:

    – ¡Gringos! ¡Haley, Jason... aquí!

Haley y Jason estaban sorprendidos de oír sus nombres. Ellos dieron la vuelta y vieron a dos hombres bajos. Estaban vestidos en faldas de color marrón. Jason pensó que ninguno de ellos podía ser el jefe porque eran flacos y parecían muy jóvenes. Con acento muy raro, los hombres les dijeron:

    – Nosotros somos de la tribu del Jefe Pavo Grande. Estamos aquí para llevarlos al Jefe.

Uno de los hombres tenía un collar en la mano. Era un collar muy bonito. Estaba hecho[1] de

[1]hecho - made

36

varias semillas[2] y de dientes de serpientes. El hombre puso el collar en el cuello de Haley.

Haley le dijo:

> – ¡Gracias! Me gusta mucho. ¿Qué tipo de dientes son estos en el collar? ¿Y estas son semillas?
> – Son dientes de una serpiente. Y las semillas son de una fruta de la selva. Es un collar matrimonial.
> – ¿Matrimonial?

Haley pensó que un collar matrimonial era un poco cómico porque solamente tenía quince años. Era muy joven para casarse. Ella pensó que era un buen regalo, era muy interesante.

Los hombres les gritaron:

> – ¡Vámonos!

Con los hombres guiándolos, los chicos caminaron hacia el río. Allí encontraron una canoa hecha del tronco de un árbol. Metieron la canoa en el río y todos se subieron. Pronto, la canoa se movió con la corriente del río.

Jason les preguntó:

[2]semillas - seeds

– ¿Adónde vamos?

– Vamos a ver al Jefe Pavo Grande.

– ¿Dónde vive el Jefe Pavo Grande?

Uno de los hombres contestó:

– Es un secreto. Nadie fuera de la tribu puede saber donde vive. Vamos a viajar dos días en la canoa sobre el Río Napo. Luego caminaremos un día más por la selva.

Muy preocupada, Haley le respondió:

– ¡Pero, vamos a llegar tarde!

– Sí, es cierto señorita, –contestó uno de los hombres Jívaro–. El Jefe no está muy contento con ustedes. Primero, ustedes robaron la cabeza reducida del museo, y ahora van a llegar tarde.

– Pero, ¿Qué nos va a pasar?

Los hombres Jívaro solamente se rieron y no dijeron nada. Haley no pensó que la situación era cómica. Se sintió un poco enojada porque los dos hombres se rieron. También tenía mucho miedo.

Los cuatro pasaron dos días largos en la canoa. Los chicos no podían dormir porque era muy incómodo. En la mañana del tercer día, los Jívaro por fin pararon la canoa al lado del río. Había un camino que entraba a la selva tropical. Todos se bajaron de la canoa y entraron a la selva. Caminaron silenciosamente por el camino.

Después de tres horas caminando, los chicos estaban muy agotados. Casi no podían caminar más. Hacía mucho calor y la humedad de la selva les molestaba bastante. Además, estaban cansados porque no habían dormido durante las últimas 48 horas.

De repente, Haley y Jason escucharon unos monos gritando en los árboles. Miraron hacia arriba y vieron un grupo de monos congos³. Eran de color negro y eran muy grandes. Haley gritó:

– ¡Miren! ¡Qué bonitos monos!

Con eso, Haley puso la mochila en el suelo y sacó uno de los plátanos que compraron de la señora en el aeropuerto. Con el plátano en la mano, Haley movió la mano en el aire. Uno de los monos se bajó del árbol y agarró el plátano de la mano. Haley dio la vuelta para sacar otro plá-

³monos congos - howler monkeys

39

tano, pero ¡la mochila no estaba en el suelo! Haley miró hacia arriba y vio al mono más grande del grupo con su mochila en la mano. Ella gritó:

– ¡Ay, No! Necesito mi mochila, tiene la cabeza adentro.

Jason contestó:

– Cálmate. Tengo una idea.

Jason se quitó uno de los zapatos y se lo tiró al mono grande. El mono no soltó la mochila. Cuando Jason le tiró el otro zapato, el mono se enojó y les gritó muy fuerte. Todos los otros monos se enojaron también y les gritaron a la misma vez.

De repente, todos los monos empezaron a perseguir a Haley y Jason.

Jason gritó:

–¡Monos tontos! ¡Déjenos!

Los monos no dejaron de perseguirlos. Jason y Haley empezaron a correr, pero Haley se cayó. Mientras estaba en el suelo, los monos la atacaron. Haley gritaba y movía los brazos y los pies. Rápidamente, los hombres Jívaro tomaron sus sopladores de flechas⁴ y les tiraron flechas a los

40

monos. Uno se la tiró al mono que estaba encima de Haley y el otro le tiró una flecha al mono que tenía la mochila. Le pegó en el trasero⁵ y el mono soltó la mochila. Haley gritó y los monos escaparon rápidamente, subiéndose a los árboles.

  – ¿Mataste al mono?

El hombre Jívaro se rió y le contestó:

  – No, yo no maté al mono. No había curare en la flecha.

  – ¿Curare? ¿Qué es curare?

  – Curare es el veneno que usamos para matar. Lo ponemos en la flecha y el animal se muere. A veces matamos a los monos para comer, pero hoy no necesitamos más comida. Tenemos suficiente comida hoy y por eso, no lo matamos.

Los dos hombres Jívaro miraron a Haley y se rieron. Se hablaron en Jívaro y se rieron más. Jason y Haley no entendían nada. Frustrado, Jason les dijo:

⁴sopladores de flechas - dart blowers
⁵le pegó en el trasero - hit him on his bottom

– ¿Qué pasa? ¿Por qué se están riendo tanto?

– Porque nosotros tenemos una tradición en nuestra cultura. Si los monos congos te atacan, tú eres la próxima persona que se casará.

Jason y Haley se rieron. Haley contestó:

– ¡Qué ridículo! ¡No voy a casarme! Sólo tengo quince años y no tengo novio.

Todos siguieron caminando por muchas horas. En la noche, llegaron muy cansados al pueblo[6] de Pavo Grande. Cuando llegaron, Jason y Haley vieron a un hombre bajo y gordo con una corona de plumas rojas en la cabeza. Era el Jefe Pavo Grande. No parecía muy contento.

Para tratar de calmarlo, Jason abrió la mochila de Haley y sacó la cabeza reducida. Jason le dio la cabeza con mucho cuidado. Al recibir la cabeza el Jefe la inspeccionó por mucho tiempo, pero no dijo nada. Sólo tenía una cara de enojo.

[6]pueblo - village

Capítulo 9
Matrimonio Jívaro

Después de mucho tiempo inspeccionando la cabeza, el Jefe Pavo Grande finalmente habló. Les dijo a Jason y Haley:

– Ustedes llegaron tarde con la cabeza. Ahora tienen que pagar las consecuencias. Nunca van a salir de esta selva. Tú, Haley, te vas a casar con mi hijo mayor, Pavito. Pavito necesita una esposa. Hay

una profecía que dice que él se va a
casar con una mujer muy bonita con piel
de leche[1]. Es obvio... eres tú, Haley.
Estar casada con Pavito es un gran privi-
legio, núa (mujer en el idioma Jívaro),
porque un día, Pavito será Jefe de toda la
nación Jívaro.

Los dos hombres Jívaro que llevaron a Jason y
Haley se miraron y se rieron cuando Pavo Grande
dijo que Haley tenía que casarse con Pavito.
Luego ellos se fueron a sus casas.

Pavo Grande miró a los chicos y les dijo:

– Ustedes deben de estar muy cansados
por el viaje tan largo. Vamos a mi casa
para dormir.

Caminaron por la selva y llegaron a la casa.
Cuando iban a entrar en la casa, Pavo Grande le
gritó a Haley:

– ¿Qué haces? Solamente los hombres
entran por la puerta principal. Las mujeres, entran por la otra puerta de la casa.
Las mujeres solo entran por la puerta

[1]piel de leche - milky skin

44

principal cuando sirven la comida. Es
costumbre Jívaro.

Ofendida, Haley le contestó:

– Pero, yo no soy una mujer Jívaro.

– Todavía no, Haley, pero muy pronto tú
serás Jívaro. Tienes mucho que aprender
sobre nuestras costumbres. Un día, vas a
ser la esposa del Jefe y tendrás que ser
un buen ejemplo para las otras mujeres.

Todos se fueron a dormir, pero a las pocas
horas el Jefe despertó a Jason. Era muy temprano
y todavía estaba oscuro². Pavo Grande le dijo:

– Jason, hoy te vas a convertir en un verda-
dero³ hombre Jívaro. Para poder dar a
Haley en matrimonio a Pavito, tú tienes
que ser Jívaro. Según nuestra costumbre,
tienes que tener una visión para encontrar tu verdadera identidad. Así te con-
vertirás en Jívaro. Para ayudarte a tener
la visión, tienes que caminar solo por la
selva por muchos días sin comer nada.
También tienes que tomar esto...

²oscuro - dark   ³verdadero - true

45

Con eso, el Jefe le dio a Jason una botella pequeña. Le dijo que tenía una droga muy fuerte que le ayudaría a tener una buena visión. Pavo Grande lo mandó a la selva para tener su visión y hacerse un verdadero hombre Jívaro.

Después, el Jefe despertó a Haley. Le dijo:

– ¡Despiértate, Haley! Hoy vas a trabajar con las mujeres. Ustedes tienen muchas preparaciones que hacer.

Pavo Grande llevó a Haley por la selva. Allí encontraron a las mujeres trabajando. Cocinaban *manioc*, una raíz⁴ que cultivan los Jívaro para hacer una bebida como cerveza⁵. La cerveza de manioc es la bebida normal para todos los Jívaro. Todos la toman: los hombres, las mujeres y los niños. Todos beben la cerveza de manioc porque es una bebida sana y no contiene mucho alcohol.

Para hacer la cerveza de manioc, primero cocinan la raíz de manioc. Luego, la meten en la boca y la mastican. Después, escupen⁶ el manioc

⁴raíz - root
⁵cerveza - beer
⁶escupen - they spit

46

en una olla[7] para fermentarlo. Todos toman la cerveza de manioc, pero solamente las mujeres la hacen. Haley miró todo el proceso y les dijo a las mujeres:

– ¡Qué asco! ¿Ustedes toman esta bebida?

Una de las Jívaro contestó:

– No, Haley, no es nada asqueroso[8]. Es romántico. Tú tienes que aprender a hacer muy buena cerveza de manioc. Con muy buena cerveza, Pavito te va a amar mucho toda la vida.

Haley y las mujeres pasaron el día entero haciendo ollas y ollas de cerveza de manioc. Masticaban y escupían. Masticaban y escupían. En la tarde Haley estaba muy cansada y les preguntó:

– ¿Por qué estamos haciendo tanta cerveza? ¿Hay una fiesta? ¿Qué celebramos?

– Tu matrimonio con Pavito, Haley.

Con eso, Haley empezó a llorar. No quería casarse con Pavito. Ella quería volver a casa de

[7]olla - pot
[8]asqueroso - gross

47

inmediato. Haley se sintió atrapada. Pensó: "¿Por qué agarré la cabeza reducida en el museo? ¡Qué tonta soy!". Todas las mujeres Jívaro miraron a Haley llorando. Una le dijo:

> – Sabes una cosa, Haley... tú tienes mucha suerte. Todas nosotras daríamos[9] todo para tener la oportunidad de casarnos con Pavito. Es muy buen hombre. Un día será jefe de la nación. Haley, no será[10] tan horrible vivir aquí con todos nosotros. Es muy bonito en la selva y vivimos una vida muy tranquila. Verás que es muy bonito ser Jívaro.

Haley solamente lloró más fuerte.

[9]daríamos - we would give
[10]será - it will be

Capítulo 10
Una visión del futuro

Pasaron cinco días y Jason regresó de su viaje en la selva. Cuando el Jefe Pavo Grande lo vio, les anunció a todos:

– ¡Vénganse[1] todos! Jason ya regresó de la selva. Vámonos todos para escuchar la revelación de la verdadera identidad de Jason y para ofrecer la bienvenida al nuevo miembro de nuestra nación.

[1]vénganse - come here

Enfrente de todos el Jefe le preguntó:

– ¿Tuviste una buena visión Jason? ¿Cuál es tu verdadera identidad Jívaro?

– Yo pasé los cinco días caminando por la selva de día y noche. En la mañana del tercer día llegué a un río grande con unas cataratas[2] inmensas. Yo decidí meterme en el río. Sin querer, la corriente del río me llevó hacia las cataratas y caí en ellas. Yo no podía respirar y empecé a ahogarme. Estaba en el agua. Tenía miedo. De repente, yo vi un pato[3] encima del agua. El pato me agarró de la mano y me salvó. Yo quería hablar con el pato con toda el alma[4]. De repente, por un momento me convertí en un pato también. Hablando en pato, yo le dije:

– ¡Gracias por salvarme!

Con eso, el Jefe anunció a todos:

[2]cataratas - waterfall
[3]pato - duck
[4]alma - soul

50

– Ahora me gustaría presentarles al nuevo
   miembro de la nación Jívaro... Jason el
   Pato.

Todos aplaudieron. Le dieron abrazos a Jason.
Pavo Grande anunció otra vez:

– Ahora, como Jason es un verdadero
   Jívaro, él puede presentar a Haley en
   matrimonio a mi hijo Pavito.
   ¡Celebraremos mañana!

Todos estaban muy emocionados con el anun-
cio y empezaron a hacer las preparaciones finales
para la boda⁵. Haley miró a Jason con una mirada de terror. Haley lloraba mucho y seguía llorando.

Luego, cuando Jason y Haley estaban a solas,
ellos hablaron. Jason le dijo que no había tomado
la droga y no había tenido ninguna visión.
Inventó toda la historia sobre el pato. Haley tenía
mucho miedo y llorando le dijo a Jason:

– Jason, tengo mucho miedo. Hoy todas
   las mujeres y yo hicimos una bebida. Se
   llama manioc. Es un tipo de cerveza.

⁵boda - wedding

51

Vamos a tomar manioc para celebrar el matrimonio de Pavito y yo.

– ¿Cerveza? No podemos tomar cerveza. ¡Nuestros padres nos matarían!

– Jason, ¿eres tonto? Primero, probablemente nunca vamos a volver a ver a nuestros padres. Segundo, ¡esta cerveza es asquerosa! Las mujeres mastican una raíz y la escupen en una olla. Entonces la cocinan para hacer la cerveza.

– ¿La mastican y la escupen en una olla? ¡Puaj! ¡No quiero tomar esa cerveza!

– ¡No me importa la cerveza! No quiero casarme con Pavito mañana. Quiero volver a casa ahora mismo. ¿Qué vamos a hacer?

Capítulo 11
Agarrados en la noche

Era de noche y no había luz. Estaba muy, muy oscuro. Todos dormían en sus camas. De repente, Haley y Jason se despertaron cuando unos hombres los agarraron. Los hombres les pusieron las manos sobre la boca para que no pudieran[1] gritar. En voz baja les dijeron:

– Sshhhh...No hablen. No hagan ni un sonido.

[1]para que no pudieran - in order that (so that) they could not

Jason y Haley se asustaron, pero no hicieron ni un sonido. Los hombres los llevaron por la selva en la oscuridad de la noche. Haley y Jason tenían mucho miedo. No pudieron ver y no pudieron gritar. Los hombres los forzaron a caminar por una hora.

Después de una hora caminando, uno de los hombres prendió una antorcha. Jason y Haley por fin pudieron ver a sus captores. Uno de los captores les dijo a los chicos:

– Perdónenme por agarrarlos de las camas. No quería asustarlos, pero no tenía ninguna otra opción. Soy Pavito.

– ¡¿Pavito?! –exclamó Haley.

– Sí, soy yo. Haley, tú no quieres casarte conmigo, ¿verdad?

– No quiero ofenderle, pero no, no quiero casarme con usted.

– Está bien, Haley. Yo no quiero casarme contigo tampoco. Ya tengo una novia Jívaro. El problema es que mi papá no me permite estar con ella por la profecía. Mi papá dice que ella no tiene la piel de

leche. A mí no me importa... yo la quiero y quiero casarme con ella. Además,
ella sabe hacer manioc fantástico.

Jason y Haley se miraron y estaban muy sorprendidos. Pavito siguió hablando y los chicos lo
escucharon atentamente.

– Ustedes ya nos devolvieron la cabeza y
pueden irse a casa. No tienen que pagar
más por robar la cabeza. La verdad es
que al final, ustedes nos hicieron un
favor. [La cabeza estaba en el museo del
Perú cuando en realidad no pertenece al
museo.] Nos pertenece a nosotros. Es una
cabeza de los Jívaro. Gracias por devolvernos la cabeza.

Haley estaba aliviada porque ya no tenía que
casarse con Pavito, pero se preocupaba de cómo
iba a volver a Quito. Le dijo a Pavito:

– Estoy contenta, Pavito, pero hay un problema: ¿Cómo vamos a volver a Quito?
– Yo los voy a acompañar a Tiputini. De
allí, pueden ir en avión a Postaza y finalmente, a Quito.

55

Ellos caminaron rápidamente por un día entero y llegaron al río. Haley y Jason no querían estar en una canoa por dos largos días, pero no había otra manera de llegar a Tiputini. Se subieron a la canoa y se prepararon para un largo viaje. Pasaron dos días viajando hacia Tiputini. Era un viaje muy duro y los chicos estaban completamente agotados. Por fin, llegaron a Tiputini y cuando vieron el aeropuerto pequeño, Haley gritó:

– ¡Por fin!

Todos se rieron. Estaban muy contentos. Haley miró a Pavito y le dijo:

– Gracias por salvarnos. Tú realmente eres un buen hombre. Espero que todo te vaya bien con tu novia. Adiós.

– Gracias, Haley. Buena suerte con todo.

Jason y Haley se bajaron de la canoa y entraron en la oficina del aeropuerto. Necesitaban comprar boletos para regresar a Postaza. Con una mirada de sorpresa, la señora en la oficina reaccionó:

– ¡Ustedes son Jason y Haley, los norteamericanos perdidos que yo vi en la televisión!

– ¡¿Qué?! –contestó Jason.

Con eso, Haley miró el televisor pequeño de la oficina y gritó:

– ¡Jason, mira! Estamos en las noticias.

En el pequeño televisor, los muchachos vieron fotos de sus caras en las noticias. Escucharon el reportaje. Al final del reportaje había un número de teléfono en la pantalla para llamar con información sobre ellos. Jason usó el teléfono de la oficina y llamó al número. Un policía contestó. Nervioso, Jason le dijo:

– Ah...am...me llamo Jason Baker. Soy yo a
   quien ustedes buscan.

– ¿Jason Baker?

– Sí, señor. Estoy en el aeropuerto en
   Tiputini.

– ¿Y tu hermana? ¿Está ella contigo?

– Sí, está aquí conmigo. No estamos perdidos. Muy pronto vamos a ir en avión a
   Postaza.

El policía llamó a las autoridades y notificó a los padres de Haley y Jason. Les dio instrucciones para ir a Postaza para encontrarse con los chicos.

Haley y Jason abordaron la avioneta. Querían ver a sus padres, aunque estaban un poco nerviosos de contarles los detalles de su aventura. Tenían miedo de la disciplina que les iban a imponer. Unos minutos más tarde, se durmieron y no se despertaron hasta que llegaron a Postaza. Se bajaron de la avioneta y esperaron a sus padres.

> – Jason, ¿qué vamos a decirles a Mamá y Papá?
> – La verdad. Por fin, vamos a contarles la verdad.
> – Nunca van a creernos.

En ese momento, un avión llegó y los chicos miraron mientras se bajaban los pasajeros. Muy pronto, sus padres se bajaron del avión y al verlos, Haley empezó a llorar.

> – Haley, ¿estás llorando porque estás tan feliz de ver a Mamá y Papá o porque tienes miedo de contarles nuestra historia?
> – Las dos cosas. Lloro por las dos cosas.

Glosario completo

abrió - s/he opened
adentro - inside
(se) acostaron - you (pl.), they
  laid down (went to bed)
agarró - s/he grabbed
agotado - fed up
aliviada - relieved
alma - soul
allí - there
aprender - to learn
aquí - here
arriba - up
asqueroso - gross
(se) asustó - s/he was startled,
  frightened
aterrizó - it landed
aún - still
avión - plane
avioneta - small airplane
ayer - yesterday
(se) bajaron - you (pl.), they
  climbed down, got out of
(se) bajó - s/he climbed down,
  got out of
baño - bathroom
(una) bebida - (a) drink
bien - well, fine
boda - wedding
boletos - tickets
bolsa - purse, bag

bonito - pretty
buscar - to look for
buscó - s/he looked for
cabeza - head
caí - I fell
caja - box
caminaban - you (pl.), they
  walked, were walking
caminaron - you (pl.), they
  walked
carta - letter
casará - s/he will marry
casarse - to get married
cataratas - waterfall
(se) cayeron - you (pl.), they fell
cerraba - I, s/he was closing
cerveza - beer
cocinaban - you (pl.), they
  cooked, were cooking
cocinan - you (pl.), they cook
cojín - cushion
collar - necklace
comérselos - to eat them
compraron - you (pl.), they
  bought
compró - s/he bought
contestó - s/he answered
corriendo - running
corrieron - you (pl.), they ran
corrió - s/he ran

59

creernos - to believe us

creo - I believe

cuando - when

daríamos - we would give

de verdad - truthfully

debajo - under

debemos - we should, ought to

debes - you should

dejaron - you (pl.), they left (behind)

dejaron de - you (pl.), they stopped or quit (doing something)

dejaron de perseguir - you (pl.), they quit pursuing

desmayó - s/he fainted

despedido - fired

despertarse - to wake up

(se) despertó - s/he woke up

(se) despertaron - you (pl.), they woke up

después - after

devolver - to return (an item)

devolvernos - to return (an item) to us

devolvieron - you (pl.), they returned (an item)

devolvió - s/he returned (an item)

devuelve - s/he returns (an item)

días - days

dientes - teeth

dieron la vuelta - you (pl.), they turned around

dije - I said

dijeron - you (pl.), they said

dio - s/he gave

disfruten - you (pl.), they enjoy

donde (dónde) - where

dormir - to sleep

durmieron - you (pl.), they slept

empacando - packing

empecé - I started

empezó - s/he started

encontró - s/he found

entraron - you (pl.), they entered

entró - s/he entered

era - it, s/he was

eran - you (pl.), they were

escucharon - you (pl.), they heard

escuchó - s/he listened

escupen - they spit

esperaremos - we will wait

esperaron - you (pl.), they waited

estaba - I, s/he was

estaban - you (pl.), they were

estar - to be

estará - s/he will be

estás - you are

faja - belt

fue - it, s/he was

fue - s/he went

60

fueron - you (pl.), they went

ganadora - winner

gritaba - I, s/he yelled, was yelling

gritaron - you (pl.), they yelled

gritó - s/he yelled

gustaba - liked (it was pleasing to)

gustaría - would like (it would be pleasing to)

ha visto - s/he has seen

había - there was, there were

había dicho - I, s/he had said

había ganado - had won

había perdido - I, s/he had lost

había robado - I, s/he had robbed

había salido - I, s/he had left

había tomado - s/he had taken

hablaba - I, s/he talked, was talking

(no) hables - don't talk *(command)*

habló - s/he spoke, talked

hacer - to do, to make

hacia - toward

hacían - you (pl.), they made, were making

haciendo - doing, making

hagan - (you (pl.), they) do, make *(command)*

hecho - made

hermano(a) - brother (sister)

hicieron - you (pl.), they did, made

hicimos - we did, made

hijo - son

hombre - man

horario - schedule

iban - they were going

ibas - you were going

ir - to go

irse - to go, leave

jalea - jelly, jam

jefe - boss

jóvenes - youngsters

levantando pesas - lifting weights

(se) levantó - s/he got up, stood up

leyó - s/he read

lentes - glasses

llamó - s/he called

llegar - to arrive

llegaron - you (pl.), they arrived

llegó - s/he arrived

llevar - to bring, carry

llorando - crying

llorar - to cry

luz - light

maldición - curse

maleta - suitcase

mano - hand

más - more

61

masticaban - you (pl.), they chewed, were chewing

mastican - you (pl.), they chew

matamos - we kill, we killed

matar(los) - to kill (them)

matarían - you (pl.), they would kill

metió - s/he put inside

miedo - fear

miembro - member

mientras - while

mil - thousand

miraron - they looked at

miró - s/he looked at

mochila - backpack

mono - monkey

morir - to die

mostró - s/he showed

movía - I, s/he moved, was moving

movió - s/he moved (at that moment)

muchachos - children, boys

mujer - woman

(se) muriera - s/he died *(past subjunctive)*

no se preocupen - don't worry *(command)*

noche anterior - night before

noticias - news

novio - boyfriend, fiancé

nunca jamás - never ever

olla - pot

oír - to hear

oscuridad - darkness

oscuro - dark

oyeron - you (pl.), they heard

padres - parents

pagar - to pay

pantalla - screen

para que - in order that, so that

parecía - it, s/he seemed, looked like

pasaron - you (pl.), they passed

pasó - s/he, it passed

pato - duck

pediste - you asked, requested

pegatinas - game pieces

pegó - s/he hit

película - film

pensó - s/he thought

perdido - lost

pertenece - it belongs to

piel (de leche) - (milky) skin

podemos - we are able

podía - I, s/he was able

preguntó - s/he asked (a question)

prendió - s/he lit

preocupado - worried *(adj.)*

prestaba atención - I, s/he was paying attention

próximo - next

pudieran - you (pl.), they were able *(past subjunctive)*

pueblo - village

pudieron - you (pl.), they were able

pueden - you (pl.), they are able

puedes - you are able

pusieron - you (pl.), they put

puso - s/he put

quería - I, s/he wanted

quiero - I want

(se) quitó - s/he took off

raíz - root

recoger - to get, obtain

reducida - reduced, shrunken

(se) rieron - you (pl.), they laughed

(se) rió - s/he laughed

(había) robado - (I, s/he had) robbed

(se había) roto - (it had) broken

saben - you (pl.), they know (a fact)

sabes - you know (a fact)

sabía - I, s/he knew (a fact)

sabría - s/he would know (a fact)

sacó - s/he took out

salía - s/he was leaving

(había) salido - (I, s/he had) left

saliendo - leaving

salió - s/he left

saqué - I took out

se acostaron - you (pl.), they laid down (went to bed)

se asustó - s/he was startled, frightened

(se) bajaron - you (pl.), they climbed down, got out of

(se) bajó - s/he climbed down, got out of

se cayeron - you (pl.), they fell

se despertaron - you (pl.), they woke up

se despertó - s/he woke up

se levantó - s/he got up, stood up

se rieron - you (pl.), theylaughed

se rió - s/he laughed

se sentía - s/he felt

seguridad - security

seguro - sure, certain

sello - stamp

selva - jungle

semillas - seeds

(se) sentía - s/he felt

señora - Mrs., ma'am

será - it will be

siguió - s/he continued; s/he followed

soltó - s/he dropped, let go of

somos - we are

son - you (pl.), they are

sopladores de flechas - dart blowers

subieron - you (pl.), they climbed up, in

(le) suplicó - s/he begged (him/her)

tendrás (que)- you will have (to)

tenía - I, s/he had

tienes - you have

tiró - s/he threw, tossed

todo(s) - all

(había) tomado - (s/he had) taken

tomar - to take

trabajar - to work

trasero - behind, backside

tuvieron - you (pl.), they had (at that moment)

tuvo - s/he had (at that moment)

va - s/he goes, is going

vamos - we go, are going

vayan - you (pl.), they go

veces - times

vénganse - come here *(command)*

ver - to see

verdad - truth

verdadero - true

vete - go *(command)*

vez - time

vi - I saw

viaje - trip

vieron - you (pl.), they saw

vio - s/he saw

visto - seen

vivían - you (pl.), they lived, were living

volar - to fly

volver - to return

volvió - s/he returned

voy - I go, am going

vuelo - flight

ya - anymore

zapato(s) - shoe(s)

Glosario por capítulos

Capítulo 1

abrió - s/he opened

buscar - to look for

buscó - s/he looked for

cabeza - head

carta - letter

cayeron - you (pl.), they fell

cuando - when

debes - you should

dejaron - you (pl.), they left (behind)

devolver - to return (an item)

devolvernos - to return (an item) to us

devuelve - s/he returns (an item)

días - days

empezó - s/he started
entró - s/he entered
era - it, s/he was
estaba - I, s/he was
estar - to be
fue - it, s/he was
gritó - s/he yelled
había robado - had robbed
hacer - to do, to make
hermano(a) - brother (sister)
hombre - man
ir - to go
jefe - boss
levantando pesas - lifting weights
leyó - s/he read
llorando - crying
llorar - to cry
maldición - curse
maleta - suitcase
matar(los) - to kill (them)
miedo - fear
miró - s/he looked at
morir - to die
mostró - s/he showed
noche anterior - night before
padres - parents
pensó - s/he thought
podemos - we are able
preguntó - s/he asked (a question)
preocupado - worried
quería - I, s/he wanted
quiero - I want
reducida - reduced, shrunken

saben - you (pl.), they know (a fact)
sabía - I, s/he knew (a fact)
se asustó - s/he was startled, frightened
se despertó - s/he woke up
selva - jungle
tenía - I, s/he had
tienes - you have
vamos - we go, are going
vio - s/he saw

Capítulo 2

(no) hables - don't talk (command)
allí - there
aún - still
ayer - yesterday
bien - well, fine
estará - s/he will be
estás - you are
fue - s/he went
gustaba - liked (it was pleasing to)
hablaba - I, s/he talked, was talking
horario - schedule
ibas - you were going
llegar - to arrive
llegó - s/he arrived
llevar - to bring, carry
más - more
pagar - to pay
prestaba atención - I, s/he was paying attention
puso - s/he put
se levantó - s/he got up, stood up
se sentía - s/he felt

La maldición de la cabeza reducida

siguió - s/he continued; s/he followed
todo(s) - all
trabajar - to work
va - s/he goes, is going
vi - I saw
voy - I go, am going
ya - anymore

Capítulo 3

agarró - s/he grabbed
aquí - here
caja - box
corrió - s/he ran
creo - I believe
debajo - under
devolvió - s/he returned (an item)
dio - s/he gave
encontró - s/he found
ganadora - winner
había - there was, there were
hijo - son
iban - they were going
mil - thousand
miraron - they looked at
pueden - you (pl.), they are able
puedes - you are able
sabes - you know (a fact)
sacó - s/he took out
saqué - I took out
se rió - s/he laughed
son - you (pl.), they are
ver - to see
viaje - trip

Capítulo 4

adentro - inside
avión - plane
de verdad - truthfully
debemos - we should, ought to
despertarse - to wake up
durmieron - you (pl.), they slept
empacando - packing
estaban - you (pl.), they were
hacían - you (pl.), they made, were making
metió - s/he put inside
mochila - backpack
pediste - you asked, requested
puso - s/he put
se acostaron - you (pl.), they laid down (went to bed)
seguro - sure, certain
tomar - to take
verdad - truth
vuelo - flight

Capítulo 5

baño - bathroom
bolsa - purse, bag
caminaban - you (pl.), they walked, were walking
corrieron - you (pl.), they ran
después - after
donde (dónde) - where
entraron - you (pl.), they entered
escuchó - s/he listened
esperaremos - we will wait
esperaron - you (pl.), they waited

fueron - you (pl.), they went
había salido - I, s/he had left
llegaron - you (pl.), they arrived
mientras - while
muchachos - children, boys
parecía - it, s/he seemed, looked
  like
pasaron - you (pl.), they passed
pasó - s/he, it passed
película - film
podía - I, s/he was able
quitó - s/he took off
recoger - to get, obtain
salía - s/he was leaving
saliendo - leaving
salió - s/he left
seguridad - security
tendrás - you will have
veces - times
vez - time
vieron - you (pl.), they saw

Capítulo 6

corriendo - running
dijeron - you (pl.), they said
gritaron - you (pl.), they yelled
jóvenes - youngsters
llamó - s/he called
no se preocupen - don't worry
  (command)
subieron - you (pl.), they climbed
  up, in
tiró - s/he threw, tossed
tuvo - s/he had (at that moment)

vayan - you (pl.), they go
visto - seen
vivían - you (pl.), they lived, were
  living
volvió - s/he returned

Capítulo 7

avioneta - small airplane
bajaron - you (pl.), they climbed
  down, got out of
boletos - tickets
compraron - you (pl.), they bought
compró - s/he bought
mano - hand
mujer - woman
próximo - next
señora - Mrs., ma'am
tuvieron - you (pl.), they had (at
  that moment)
volar - to fly
volver - to return

Capítulo 8

arriba - up
bajó - s/he climbed down, got out
  of
bonito - pretty
caminaron - you (pl.), they walked
casará - s/he will marry
casarse - to get married
cerraba - I, s/he was closing
collar - necklace
contestó - s/he answered

La maldición de la cabeza reducida

dejaron de perseguir - you (pl.),
    they quit pursuing
dientes - teeth
dieron la vuelta - you (pl.), they
    turned around
dormir - to sleep
eran - you (pl.), they were
escucharon - you (pl.), they heard
gritaba - I, s/he yelled, was yelling
hacia - toward
matamos - we kill, we killed
mono - monkey
movía - I, s/he moved, was moving
movió - s/he moved (at that
    moment)
novio - boyfriend, fiancé
oír - to hear
oyeron - you (pl.), they heard
se rieron - you (pl.), they laughed
soltó - s/he dropped, let go of
somos - we are
zapato(s) - shoe(s)

Capítulo 9

aprender - to learn
bebida - (a) drink
cocinaban - you (pl.), they cooked,
    were cooking
cocinan - you (pl.), they cook
habló - s/he spoke, talked
haciendo - doing, making
masticaban - you (pl.), they
    chewed, were chewing
mastican - you (pl.), they chew

Capítulo 10

caí - I fell
dije - I said
empecé - I started
gustaría - would like; it would be
    pleasing to
había tomado - s/he had taken
hicimos - we did, made
matarían - you (pl.), they would
    kill
miembro - member

Capítulo 11

aliviada - relieved
creernos - to believe us
devolvieron - you (pl.), they
    returned (an item)
hagan - they do, make *(command)*
hicieron - you (pl.), they did, made
irse - to go, leave
luz - light
noticias - news
oscuridad - darkness
pertenece - it belongs to
prendió - s/he lit
pudieron - you (pl.), they were able
pusieron - you (pl.), they put
se despertaron - you (pl.), they
    woke up

Don't miss these other compelling leveled readers from

Level 1 Novels

Felipe Alou: Desde los valles a las montañas
Past Tense
150 words

This is the true story of one of Major League Baseball's greatest players and managers, Felipe Rojas Alou. When Felipe left the Dominican Republic in 1955 to play professional baseball in the United States, he had no idea that making it to the 'Big League' would require much more than atheltism and talent. He soon discovers that language barriers, discrimination and a host of other obstacles would prove to be the most menacing threats to his success. Whether or not you follow Major League Baseball and its history, Felipe's compelling story, (which is based on an exclusive interview with author, Carol Gaab), is sure to inspire you and touch you.
(Also available in English)

El nuevo Houdini
*Past & Present Tense (**Two versions under one cover!!**)*
200 words

Brandon Brown is dying to drive his father's 1956 T-bird while his parents are on vacation. Will he fool his parents and drive the car without them knowing, and win the girl of his dreams in the process? (Also available in French & Russian)

Level 1 Novels (cont.'d)

Esperanza
Present Tense, First Person Perspective
200 words

This novel is based on the chilling true story of a young family caught in the middle of political corruption during Guatemala's 36-year civil war. Tired of watching city workers endure countless human and civil rights violations, Alberto organizes a union. When he and his co-workers organize a strike, Alberto and his family find themselves on the government's "extermination" list. The violent situation leaves Alberto separated from his family and forces them all to flee for their lives. Will their will to survive be enough to help them escape and reunite? And if so, will they ever find another place they can call home?

Noches misteriosas en Granada
Present Tense
Fewer than 300 words

Kevin used to have the perfect life. Now, dumped by his girlfriend, he leaves for a summer in Spain, and his life seems anything but perfect. Living with an eccentric host-family, trying to get the attention of a girl with whom he has no chance, and dealing with a guy who has a dark side and who seems to be out to get him, Kevin escapes into a book and enters a world of long-ago adventures. As the boundaries between his two worlds begin to blur, he discovers that nothing is as it appears...especially at night! (Also available in French)

Level 1 Novels (cont.'d)

Piratas del Caribe
y el mapa secreto
Present Tense
Fewer than 300 words

The tumultuous, pirate-infested seas of the 1600's serve as the historical backdrop for this fictitious story of adventure, suspense and deception. Rumors of a secret map abound in the Caribbean, and Henry Morgan *(François Granmont, French version)* will stop at nothing to find it. The search for the map is ruthless and unpredictable for anyone who dares to challenge the pirates of the Caribbean. (Also available in French)

Los *Piratas del Caribe*
y el Triángulo de las Bermudas
Past Tense
280 words

When Tito and his father set sail from Florida to Maryland, they have no idea that their decision to pass through the Bermuda Triangle could completely change the course of their voyage, not to mention the course of their entire lives! They soon discover that rough seas and bad weather are the least of their worries, as they become entangled in a sinister plan to control the world and subsequently become the target of Henry Morgan and his band of pirates. Will they escape from the Triangle and from the pirates, and save their new friend, Carlos, in the process?

Level 1 or 2 Novels

Robo en la noche

Past & Present Tense (**Two versions under one cover!!**)
Fewer than 400 words

Fifteen-year-old Makenna Parker had reservations about her father's new job in Costa Rica, but little did she know that missing her home and her friends would be the least of her worries. She finds herself in the middle of an illegal bird-trading scheme, and it's a race against time for her father to save her and the treasured macaws. (Also available in French)

Rebeldes de Tejas

Past Tense
Fewer than 400 words

When Mexican dictator, Santa Anna, discovers that thousands of U.S. citizens have spilled into the Mexican state of Texas and seized the Alamo, he is determined to expel or kill all of them. What will happen when Mexican Juan Seguín finds himself fighting for Texas and against his country's dictator? Will he survive the bloody battle of the Alamo and the ensuing battles that took hundreds of lives and drastically changed the face of Mexico forever?

Level 2 Novels

Los Baker van a Perú
Past & Present Tense (**Two versions under one cover!!**)
Fewer than 400 words

Are the Baker family's unfortunate mishaps brought on by bad luck or by the curse of the shrunken head? Join the Bakers as they travel through Peru and experience a host of cultural (mis)adventures that are full of fun, excitement and suspense!

Don't miss the sequel,
La maldición de la cabeza reducida!

Maldición de la cabeza reducida
Past Tense
Fewer than 400 words

Hailey and Jason think they have rid themselves of the cursed shrunken head now that they are back home from their family trip to Peru. Their relief quickly gives way to shock, as they realize that their ordeal has only just begun. Returning the head and appeasing the Jívaro tribe become a matter of life and death! Will Hailey and Jason beat the odds?

Level 2 Novels (cont.'d)

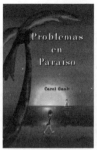

Problemas en Paraíso
Past Tense
Fewer than 400 words

Victoria Andalucci and her 16-year-old son are enjoying a fun-filled vacation at Club Paradise in Mexico. A typical teenager, Tyler spends his days on the beach with the other teens from Club Chévere, while his mother attends a conference and explores Mexico. Her quest for adventure is definitely quenched, as she ventures out of the resort and finds herself alone and in a perilous fight for her life! Will she survive the treacherous predicament long enough for someone to save her? (Also available in French)

Level 3 Novels

Vida y muerte en
La Mara Salvatrucha
Fewer than 400 words

This compelling drama recounts life (and death) in one of the most violent and well-known gangs in Los Angeles, La Mara Salvatrucha 13. Joining MS-13 brings certain gang-related responsibilities, but being *born* into La Salvatrucha requires much more. Sometimes, it even requires your life! This is a gripping story of one gang member's struggle to find freedom.

Level 3 Novels *(cont.'d)*

La hija del sastre
Fewer than 500 words

Growing up in a Republican family during Franco's fascist rule of Spain, Emilia Matamoros discovers just how important keeping a secret can be! After her father, a former captain in the Republican army, goes into hiding, Emilia not only must work as a seamstress to support her family, she must work to guard a secret that will protect her father and save her family from certain death. Will her innocence be lost and will she succumb to the deceptive and violent tactics of Franco's fascist regime?

La Guerra Sucia
Fewer than 600 words (Level 3/4)

American Journalist and single mother, Leslie Corrales travels to Argentina to investigate the suspicious disappearance of 'Raúl,' the son of Magdalena Casasnovas. When Leslie discovers that Raúl, along with 10's of thousands of other suspected dissidents, has suffered horrific atrocities at the hands of the Argentine government, she finds herself in a life-altering series of events. Will she escape with her life and with the information she needs to help the Argentine people?